中学版知识产权读本

知识产权
特训营

北京市知识产权局　
北京市教育委员会　组织编写　跨界 图文

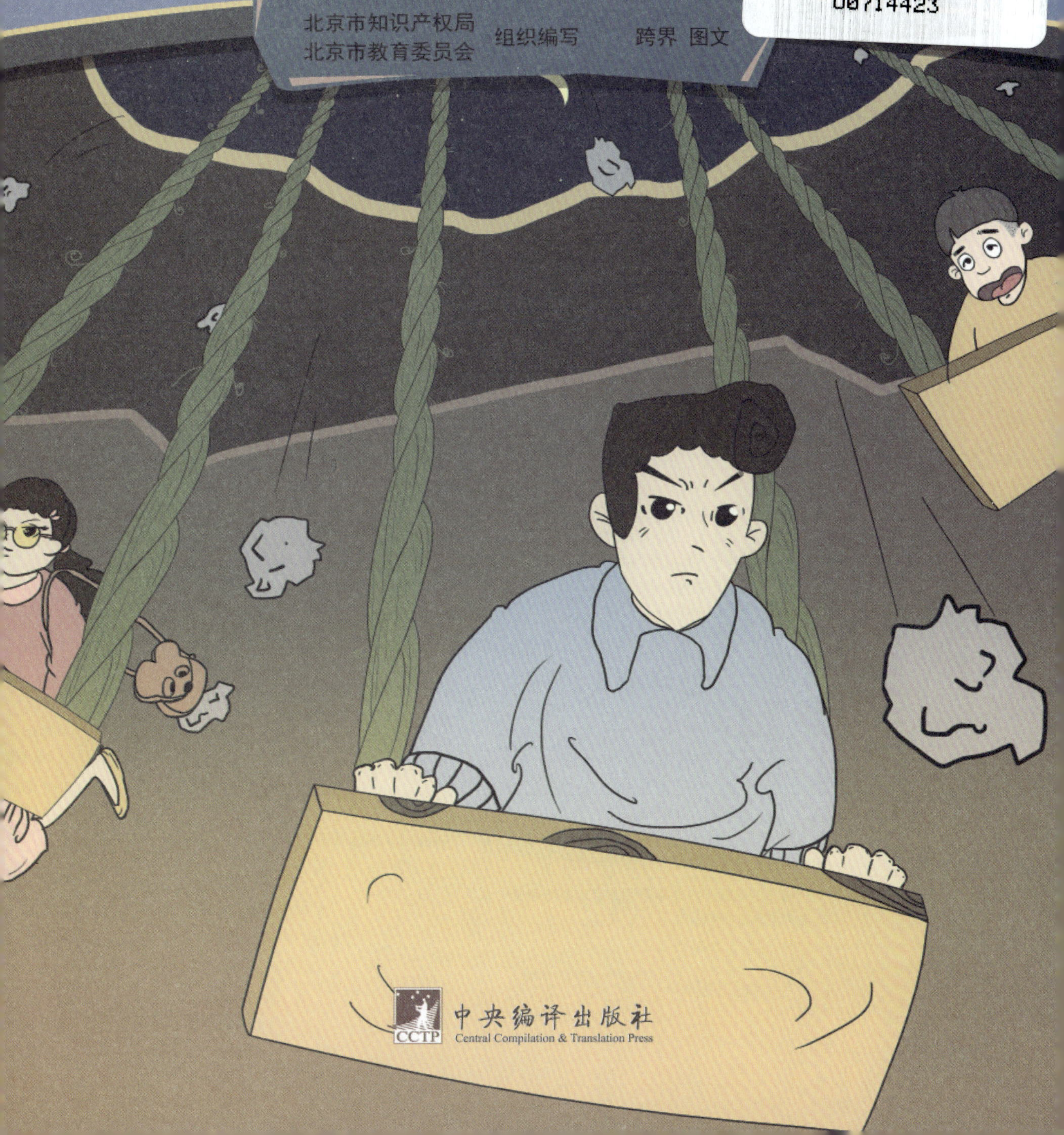

中央编译出版社
Central Compilation & Translation Press

图书在版编目(CIP)数据

知识产权特训营 / 北京市知识产权局,北京市教育委员会组织编写. —北京:中央编译出版社,2016.11
ISBN 978-7-5117-3080-0

I.①知… II.①北… III.知识产权-中国-青少年读物 IV.①D923.4-49

中国版本图书馆CIP数据核字(2016)第197817号

知识产权特训营

出 版 人:	葛海彦
出版统筹:	贾宇琰
责任编辑:	程 彤　曲建文
责任印制:	尹 珺
出版发行:	中央编译出版社
地　　址:	北京西城区车公庄大街乙5号鸿儒大厦B座(100044)
电　　话:	(010) 52612345(总编室)　　(010) 52612370(编辑室)
	(010) 52612316(发行部)　　(010) 52612317(网络销售)
	(010) 52612346(馆配部)　　(010) 55626985(读者服务部)
传　　真:	(010) 66515838
经　　销:	全国新华书店
印　　刷:	北京紫瑞利印刷有限公司
开　　本:	787毫米×1092毫米　1/16
字　　数:	59千字
印　　张:	5.25
版　　次:	2016年11月第1版第1次印刷
定　　价:	15.00元
网　　址:	www.cctphome.com　　邮　箱: cctp@cctphome.com
新浪微博:	@中央编译出版社　　微　信: 中央编译出版社(ID: cctphome)
淘宝店铺:	中央编译出版社直销店(http://shop108367160.taobao.com) (010)52612349

本社常年法律顾问: 北京嘉润律师事务所律师　李敬伟　问小牛
凡有印装质量问题,本社负责调换,电话: 010-55626985

编委会

主　　任：汪　洪
副 主 任：朱建红　周立权
委　　员：张志豹　李琼芳
　　　　　张桂梅　陈　悦
顾　　问：李顺德　徐海燕　张海志　文军庆
　　　　　李作林　陈　宇　张　崧

序

世界未来的竞争是知识产权的竞争。强化"尊重知识，崇尚创新，诚信守法"的知识产权理念，不仅有助于在全社会弘扬改革创新精神，树立创新理念，更有助于让一切创造源泉充分涌流，让一切创新热情充分焕发。通过培养中小学生的创新精神和知识产权意识，可以为创新型人才培养提供基础性支撑。

基于此，我们编印了这套知识产权读本。一方面充分考虑到我国基础教育教学实践和课外读物的编写成果，另一方面借鉴了国外中小学生课外读物的编写理念和呈现方式。其最明显的特点是把知识点融入到生动有趣的故事情节中，在具体解决与知识产权相关的问题和"应用场景"中，实现对学生知识产权常识和意识的渗透。

读本分小学和中学两个版本。小学版主要以知识启蒙、兴趣培养与意识培养为主。中学版在知识教育方面内容更加丰富，知识点更多，并以案例等形式增强中学生分析问题、解决问题的能力。

少年强则国强。愿这本书能够成为学校和老师开展知识产权教育工作的好帮手，成为同学们培养知识产权意识、学习知识产权知识、提高知识产权能力的好伙伴，成为传播"大众创业、万众创新"和知识产权文化建设的好声音。

汪 洪
二零一六年八月

一、初尝败绩

  小专、阿著和标标的三人团队正式报名参加学校的创客大赛。就在他们为策划项目忙得不可开交的时候,却被通知马上参加赛前的"知识产权特训营",进行为期一周的知识产权特训。三个人不敢说不去,心里却一百个不乐意,"这不是瞎耽误工夫吗?"标标嘟嘟囔囔地说。

  小专平时最为稳健,可大战当即,时间紧迫,作为队长,他还是决定去和知识产权老师沟通一下,不要参加那个什么"知识产权"特训。

  "看样子你们准备得很充分了,能透露一下你们第一步打算怎么做吗?"听了小专的请求,知识产权老师用温和的语气问道。"我们打算先做一个网站,名字都已经想好了,叫'三剑客',这可是我们争吵了一个月才定下来的啊。"阿著习惯性地摸了摸耳朵,信心满满地回答。

知识产权老师笑着说:"名字挺有创意,但你们注册域名了吗?"

听知识产权老师这么一说,大家才想起这个问题,标标赶紧拿出电脑,在网站上输入他们的域名,可是网站却冷冰冰地弹出一个对话框:"对不起,此域名已经被注册。"小伙伴们立刻都傻眼了。标标突然一拍脑袋说:"糟糕,前一阵儿我跟卷毛说过域名的事,难道是被他们团队抢先注册了?"

"怎么,'三剑客'连擂台还没上,就把剑丢了?"知识产权老师打趣地问。

"你这个大嘴巴!"阿著瞪了他一眼。标标懊恼地挠了挠头。

知识产权老师提醒道:"其实域名就是一种与知识产权具有密切关系的标识,具备条件的可以作为商业标识使用,并注册为商标。想要成为一名有实力的创客,首先要懂得保护好自己的知识产权。没办法,你们只能再起别的名儿了。"

"可是老师,你天天跟我们说知识产权,它到底是什么啊?和创客大赛究竟有什么关系?"标标问道,小专和阿著也不停地点头,看来他们对这个问题也很好奇。

知识产权老师微笑着说:"那我想先问问你们,你们有什么财产呢?"

"我的财产很多啊,我的零花钱、自行车、MP3,还有我家的房子、汽车都是个人财产。"标标如数家珍。

"标标说的这些都是有形财产,还有一种无形财产,那就是知识产权。知识产权是人们在科学技术和文学艺术等领域内,对基于脑力劳动创造完成的智力成果所依法享有的专有权利。比如说,爱迪生有一千多项发明创造,获得了一千多项专利,这些发明创造推动了社会发展,同时他个人也从专利权中获得了应有的报酬。"

"那知识产权就是发明家的事情喽,跟我们有什么关系?"小专问。

老师解释道:"知识产权的内容很广泛,它主要包括专利权、商标权、著作权,比如我们每天都使用的手机,就涉及为数不少、多种多样的知识产权。"老师见大家没多大反应,接着又说:"你们可能想象不到,你们手里的智能手机就包含几十万项专利;你们身上穿的衣服、鞋都是有商标的;还有你们每天看的书,那都是有著作权的。你们说,知识产权和我们的关系大不大?"

听老师讲完,三人走出办公室,谁也不再提退出知识产权特训营的事儿了。

二、算不算偷

小专提议道:"你们觉得叫'堑智精锐'怎么样?'吃一堑,长一智'——堑智精锐,而'精锐',听上去又很霸气。"

"这个好,寓意深刻,四个字的还不容易跟别人撞车。"标标和阿著不得不佩服小专懂得多。大家赶紧上网一查——果真没让大家失望,无人注册!仅仅几分钟,域名注册就搞定了。俗话说"好的开始是成功的一半","堑智精锐"团队对下面的比赛,充满了信心。

第二天一早，阿著刚进教室，就听到同学们议论纷纷，敏感的她听到了有人在说"三剑客"，走近一看，果然是卷毛。此时，他正眉飞色舞地跟其他同学炫耀着什么。见此情景，阿著气就不打一处来："你是不是偷了我们的创意？"卷毛的脸有些红了，争辩说："说话别这么难听，啥叫偷啊？谁让你们不先注册呢，没听过时间就是金钱吗？"

"哼，你这是偷盗行为。你没资格参加创客大赛。"在一旁的标标急了，跑过来帮阿著。

"我偷什么了？"卷毛也火了，毫不相让。

"你偷了我们的知识产权！知识产权老师说过，知识产权也是一种财富，它是靠我们的智慧劳动创造出来的。它虽然看不见，摸不着，但是它和房屋、汽车一样，也是有价的。你窃取了我们的创意，就是不劳而获，就是盗取了我们的财富，你还敢说你没偷。"阿著一口气把知识产权老师讲过的话几乎全背了出来。

"是你故意说出来让我们听的，还用得着我偷？再说你又没注册，谁承认是你的创意？有法律根据吗？"卷毛脸红脖子粗地争辩，没有一丝退让。标标、阿著和其他同学明知卷毛理亏，但就是不知道怎么驳倒他。

三、4月26日

说起来,知识产权特训营的第一个考核科目并不难。就是每个团队必须把老师讲的内容再讲给其他同学听,形式不限。

"咱们是不是在校园搞个演讲活动?一来完成我们的训练科目,二来也为我们的项目聚聚人气,拉拉选票,还能练练胆儿。"标标说出自己的主意,颇有一种大将风度。小专和阿著都很赞成。小专盯着日历本想了想,然后用笔在上面重重地画了个圈,说:"就它了。"

标标和阿著围过来看,又不约而同地抬起头说了一句:"4月26日,下周一?"

标标手里拿着喇叭站在台阶上，背后两棵树之间拉了一个条幅，上写：堑智精锐4.26世界知识产权日无奖竞猜。

标标清了清嗓子，开始了他的演讲："亲爱的同学们，你们知不知道今天是世界知识产权日？这个日子怎么来的，我先按下不表，我先跟大家讲讲咱们北京的烤鸭……"围观的同学们被标标逗乐了，气氛立刻热烈起来。标标本来就是人来疯，一看这场面就越发来劲了。

"北京烤鸭闻名世界，但所用的鸭子却是'英国鸭'，知道怎么回事吗？咱北京鸭子在英国被杂交了，人家用这种杂交技术繁育鸭苗，再把鸭苗卖给中国，占领了市场。本来是我们自己的鸭子，因为知识产权保护的疏忽，导致每年都要花大量的金钱从国外引进这种鸭苗。同学们，这是一种多么痛的领悟啊！"

标标有些收不住了:"这里我还得跟大伙儿好好讲讲知识产权的来龙去脉,知识产权制度的建立可以说是人类发展史上的重大里程碑,它激发了人们的创新意识,推动了科技、艺术、文化和社会的发展。

"话说公元前500年,意大利的一位厨师被授予独占使用一种烹饪方法1年的特权,这就是知识产权制度的萌芽阶段。到了1623年,英国颁布了《垄断法规》,它规定此后只对新制造品的第一个真正发明人授予十四年以内的专利证书和特权。这个法规被认为是世界上具有现代意义的第一部专利法,现代专利制度也由此步入发展阶段。"

"跑题了，你都没讲世界知识产权日是怎么来的。"台下有同学起哄道。

"别着急呀，要说世界知识产权日的由来，必须得先说世界知识产权组织是怎么回事。它是联合国的一个专门机构，1967年正式建立，总部设在瑞士的日内瓦。我们国家是在1980年正式加入这个国际组织的。2000年，根据中国和阿尔及利亚代表的提案，世界知识产权组织成员大会决定从2001年开始，把每年的4月26日定为'世界知识产权日'，也就是今天，所以这个节日还和我们中国有很大的关系呢，大家可要记住这个非同一般的日子啊。"

标标说到这儿时，台下响起了热烈的掌声，大家都被他的演讲深深地吸引住了。眼见这种氛围，标标不由得有点得意忘形了。

"你说得很好,可是跟我们有什么关系呢?"台下一位同学问道。

"当然有关系了。你搞一个小发明、写一篇好文章、作一首好歌曲,如果没有知识产权的保护,就有可能被人盗用,你愿意看着你的劳动成果付诸东流吗?"从标标涨红的脸上可以看出他此时急切的心情。

"这倒也是,如果我的作品被人盗用了,我又能做什么呢?谁会帮我呢?"那名同学紧追不舍。

"这……这……"标标有些不知所措,老师没讲这一点啊。他转身向队友求助,小专张大嘴巴,用口型示意:"1-2-3-3-0。"

"啥?"标标没看明白。"12330",小专又一次提示他,标标还是直摇头,急得鼻尖都冒汗了。小专干脆走上台,微笑着对台下的同学们说:"你可以拨打12330,这是全国知识产权维权援助与举报投诉公益服务电话。这个电话很有用,我给大家说详细点。'12330'热线主要为知识产权权利人和社会公众提供有关知识产权保护、法律法规政策的咨询服务,指导知识产权权利人依法向有关知识产权执法机关进行投诉;接受社会公众对侵犯知识产权违法行为的举报;受理知识产权维权的援助请求;同时为政府有关部门提供知识产权保护信息服务。一旦接受举报或投诉案件后,中心工作人员就会及时向有关知识产权行政执法机关转送,并向举报人或投诉人反馈案件处理情况和结果。"

台下的同学纷纷点头,趁着这个机会,标标赶紧把手里的宣传单发送到大家手里,这上面不仅有知识产权问答题,还有他们参加创客大赛的团队和项目介绍。一位女生看了看,羡慕地说:"你们可真会做广告,堑智精锐,我记住啦。"

标标日记

4月26日 晴

今天的演讲真痛快，不过我好像忘了讲一个重要的知识点，那就是我国的知识产权制度。知识产权老师说过，我国现代知识产权制度是改革开放的产物，是伴随着改革开放发展起来的，是建立、发展社会主义市场经济的必要条件之一。1982年颁布了《中华人民共和国商标法》，1984年颁布了《中华人民共和国专利法》，到了1990年，《中华人民共和国著作权法》正式颁布。发展到今天，我国逐渐形成了既符合发展现状又比较完善的知识产权制度。这么一算，我国建立知识产权制度只有三十多年的时间，比西方发达国家晚了好几百年呀。

四、企业的秘密

今天是周末,按照学习计划,"堑智精锐"团队的队员们要走进企业,了解知识产权在企业的应用。周六上午10点,同学们在接待室见到了一位姓王的工程师,他是企业的研发人员,今天由他负责接待同学们。

这是同学们第一次如此近距离地考察一个企业,他们先参观了生产车间,因为是周末,这里空荡荡的,只有一些大型设备停在那里。接着他们又去了研发中心,与车间相比,这里热闹了很多,办公室里有不少人在加班,他们有的全神贯注地盯着电脑,有的三五成群地争论不休。

"王叔叔,你们周末也不休息吗?"小专问。

"最近我们正在研发一项新技术,时间紧迫,大家都放弃了休息时间来加班,"王工程师说,"这是一项国际领先的技术,据我所知,其他国家也有几个团队在做同样的研发,所以我们要尽量赶在前面,否则大家的努力就功亏一篑了。"

"是什么技术呢?"阿著忍不住好奇。

"我只能说是电子应用方面的,具体可不能告诉你们,这是商业秘密。"王工程师笑着说。

"王叔叔,如果你们先研发出新产品,企业是不是能获得很大利益呢?"标标问。

"那当然,一个成功的生产企业,都要有属于自己的核心技术,在技术密集型领域,拥有核心技术是企业成功的关键。除此之外,还要不断创新,占领新的市场,这样才能在竞争中步步领先。当然,光有创新还不够,还要有自我保护意识。企业的创新成果只有获得了知识产权保护,企业才能够享有这项成果的专用权,才能在市场上攻守自如,不受制于人。"

"知识产权对企业这么重要啊!"小专似乎有很深的感触。

"叔叔，你说有其他公司也在做同样的研发，要是别人比你们先研发出这项成果，那会给你们造成很大损失吧？"阿著问道。

"是的，如果别人先研制出来，又及时申请专利的话，我们就无法针对该项技术去申请专利权。不过，还有一种方法可以获得它，我们可以与专利权人签订许可协议、支付许可费取得使用权，或者出资购买这项专利，通过知识产权转让取得专利权。"

"那么我们怎么才能知道是谁在做同样的研发，并先申请了专利呢？"小专若有所思地问道。

"最简单的方式就是在国家知识产权局的网站上或者北京市知识产权公共信息服务平台上检索，也可以直接用手机登录该平台的移动APP或微信公众号'北京知识产权信息'来检索，只要在智能检索栏内输入关键词，如'电子应用'，就会检索到含有'电子应用'的专利文献，通过查看专利文献的专利权人字段就可以看到这个技术的专利权归哪些人或单位所有了。"

五、难缠的对手

"堑智精锐"团队配合默契,尤其是标标的表现特别抢眼。特训营的第一个科目,他们就拿到了第一名,9.5分!而标标也因此一雪"丢剑"之耻!

虽然知识产权特训成绩不会带入创客大赛,但是创客大赛的评委里面就有特训营的老师,所以这个阶段的印象分有多重要不言而喻。所以,"堑智精锐"和友队的激烈争夺从现在就已经开始了。

第二个科目如期进行。

首先上场的就是"堑智精锐"团队的小专。站在追光灯投射的光圈里,穿着西服打着领带的他显得特有范儿。

"请谈谈你对专利的理解。"一位和蔼的评委率先发问。

"专利是专利权的简称,是通过法律在一定时间内保护专利权人对自己的发明创造成果所享有的权利,这些权利包括排他、使用、处分、收益,等等。"

提问的评委轻轻点点头,小专看在眼里,心里的压力缓解了一些。

"请你举例对专利的三种形式做一个简单的说明。"另一位评委发问。

小专有些迟疑,标标和阿著的心一下子提到了嗓子眼。

小专提高了声音:"我国专利有三种:发明专利、实用新型专利和外观设计专利。发明专利是指对产品、方法或者其改进所提出的新的技术方案。简单说,也就是从无到有,根据发明是否有'实物',可分为产品发明和方法发明两类,比如爱迪生发明了白炽灯,就是产品发明,而生产白炽灯的方法就属于方法发明。实用新型专利保护对象是对产品的形状、构造或者其结合所提出的适于实用的技术方案。实用新型专利授予的对象只限于有形的产品,不包括方法。比如有的同学在笔上加了纽扣电池及小灯,就成了可供晚上使用的'会发光的笔',所以这种专利是能做出有用的产品的。外观设计保护的对象是对产品的形状、图案或者色彩与形状、图案的结合所做出的富有美感并适于工业应用的新设计。简单来说就是使产品变得更美观实用。"

小专一口气说完,评委们互相对视了一下,不约而同地点点头。阿著、标标也长出一口气,他们的队长还是很让人放心的。

"如果你是一个发明人,你会把成果先发到网上给同学们展示吗?"

"当然不会,我知道申请专利必须符合新颖性、创造性和实用性三个条件。新颖性是指在申请提交到国家知识产权局以前,不能有同样的发明创造在国内外公开过。所以,我会考虑先申请专利。因为如果把成果先发到网上,那就等于把发明创造公开了,申请专利时就失去新颖性,所以在申请专利之前,我一定会保守秘密,不会公开发明的细节。"

"请详细说说创造性和实用性。"

"创造性就是指与现有技术（也就是在专利申请日以前已经公开的技术）相比，发明具有突出的实质性特点和显著进步，实用新型具有实质性特点和进步。实用性是指该发明或者实用新型能够制造或者使用，并且能够产生积极效果。"

"那你知道怎么申请专利吗？"

"申请专利可以去国家知识产权局及其在全国各地设立的专利代办处，也可以通过挂号邮寄、网络等方式向国家知识产权局提交申请。不过申请专利的过程比较复杂，仅靠我自己很难独立完成，所以，我会考虑请专利代理机构代办申请。"

"请你介绍一下三种专利的审查方式、审查时长和保护期限。"又一位评委问道。

"根据不同的专利类型,审批内容也不相同。发明专利申请要进行形式审查和实质审查,审批时间比较长;实用新型和外观设计专利只进行形式审查不进行实质审查,所以审批时间比较短。

"关于三种专利的保护期限也是不相同的,发明专利权的期限为20年,实用新型专利权和外观设计专利权的期限为10年,计时从申请日当天开始。"

答题结束后,题板上打出了"9.2分"的平均分——又是一个超过9分的高分!小专和伙伴们击掌庆祝。这个分数给后出场的团队带来了不小的压力。

最后结果,他们仅比卷毛的"三剑客"队多了0.3分,两队暂时一个名列第一,一个名列第二。

小专他们这回算是真正意识到了,卷毛的团队并不只会投机取巧,人家的确有真功夫——一个难缠的对手出现了。

小吉日记

4月27日 晴

专利权具有排他性、地域性和时间性等特性。排他性是指未经专利权人的许可，任何人不得实施其专利。比如，爱迪生发明了白炽灯，并获得专利权，未经他的许可，别人不得制造、出售白炽灯。

地域性是指对专利权的空间限制。它是指一个国家或地区所授予和保护的专利权仅在该国或地区的范围内有效，对其他国家和地区不发生法律效力。比如，爱迪生在美国获得了专利权，但他没有向中国提出申请，所以他的专利在中国不受法律保护。

专利权的时间性是指专利权保护具有一定的时间限制，也就是法律规定的保护期限。

六、现场办公

第三个科目公布了,要求现场模拟专利申请工作场景。

听到这个消息,选手们议论纷纷,如果说上一场比赛还能靠死记硬背拿到高分的话,那么这个科目考的完全就是实际应用了。"堑智精锐"团队也不是十分有把握。

比赛这天,学校礼堂里观摩的同学比以往多了好几倍。"三剑客"的运气不太好,他们抽到了一号。听到这个消息,标标有些幸灾乐祸,而标标一向认为自己是福将,果然,他抽到了5号——一个比较居中的号码,标标觉得这个号能给他们团队带来好运气。

"三剑客"团队几名同学率先上台,他们严肃地坐在桌前,还真像工作人员。很快,一位老师扮演的专利申请人拿着一份文件上场了。他对"工作人员"说:"我要申请专利。"那个同学拿起文件仔细看了半天,有些紧张地说:"对……对不起,您这个发明不能申请专利。"

"为什么不能?""申请人"问道。

"因为——"那个同学的声音低了下来。标标轻轻碰了碰阿著说:"他可真笨,连话都不会说。"阿著瞪了标标一眼,没说话,依旧盯着舞台,小专却想:"这个科目的难度比以前明显加大了,我们一定不能紧张,标标一向胆大,不怯场,可以让他多说。"

台上,那个同学还在搜肠刮肚地想答案,卷毛赶忙站出来"救火",说:"对不起,您提供的文件不完整,我们需要您提供发明专利请求书、说明书及其摘要、附图、权利要求书等材料。另外,您这份文件中没有详细表述产品的发明创造,所以不能申请专利。"

"这是我的发明,是商业机密,当然不能全告诉你们了,万一被别人盗用了怎么办?再说,你要那么多材料,我上哪儿弄去?"申请人好像很有道理。

"根据法律规定,申请人有充分公开发明内容的义务,所以我们要求说明书要清楚、完整地公开发明内容,否则就得不到专利授权,所以请您提供完整的产品说明书。如果您觉得自己无法完成的话,可以聘请专利代理人,请他们帮您准备这些材料,这样您就可以省去很多麻烦了。"

"你们真麻烦,我回去再想想。""申请人"不情愿地离开了。

  台上的考试还在继续，台下的小专、标标和阿著却开起了小会。小专下达了"作战计划"：由标标来主谈，碰到"刁钻"的"申请人"，就让小专出马，阿著进行补充说明。三人刚分好工，台上的考试也结束了。望着"三剑客"团队忐忑不安的神情，小专的心也"突突"跳个不停。

  不一会儿，轮到"堑智精锐"上场了。紧张的气氛中，一向乐呵呵的标标也变得严肃起来。第一位"申请人"上场了，这次，他并没有要求申请专利，而是直接问了"申请专利对我有什么好处？"这样一个出人意料的问题。

小专看了标标一眼,标标会意,轻咳一声说:"申请专利当然是为了保护您的权利,一旦您的申请获得授权,您就变成了专利权人,也就对专利保护的发明创造成果享有了排他权、许可权和转让权等权利。排他权是指任何人未经您的许可都不得使用您的专利,即不得以生产经营为目的,制造、使用或者销售其专利产品或使用其专利方法。许可权是指专利权人有权许可他人实施其专利技术并收取专利使用费,被许可方无权许可合同规定以外的任何人实施该专利。还有转让权,专利权人有权转让其专利权,转让专利权必须订立书面合同,并经国家知识产权局专利局登记和公告后生效。"

"那太好了!那就请你帮我申请专利吧。我的发明叫'地空两用轿车',这种轿车在堵车时能飞起来,它可以解决交通拥堵情况。"

通过扩音器,大家都听得一清二楚,"这真是一个北京人梦寐以求的发明!"标标虽然有点不敢相信,但从提交的文件里又看不出什么问题。他张了张嘴正要回答,小专却抢先发话了:"对不起,请您稍等。"小专说着,噼里啪啦地对着电脑敲了起来。

　　几分钟后,小专对"申请人"说:"很抱歉,我们暂时不能受理您的申请。"

　　"为什么?有什么问题吗?这可是一项改变世界的伟大发明啊!"申请人有些咄咄逼人。小专微微一笑说:"您先别急,我刚登陆了北京市知识产权公共信息服务平台的微信公众号'北京知识产权信息',查到去年已经授权的一项飞行汽车发明专利,您的申请资料里对技术的说明和这件专利很类似,我感觉新颖性方面有疑问。所以出于对您负责,我建议您先回去仔细地再做一次专利检索。"

申请人:"什么叫专利检索,它管什么用呢?"

小专:"专利检索又称专利文献检索,就是针对一项或者数项技术主题,从海量的现有技术文献(包括专利文献)中挑选符合这一特定要求的文献或信息的过程。直白地说,就是查一下,您要申请的专利技术在现有技术中是否已经存在。这是在开发研究立项之前、专利申请前和审查过程中都应该进行的一个步骤。您想,任何人都不能保证自己的想法是世界上独一无二的,您能想到的发明创造,别人很有可能也想到了,所以任何个人和企业在申请专利前,都应该认真检索——是否自己的想法已经被别人实现,这样可以避免重复研发和资金浪费。北京市知识产权公共信息服务平台全面收录了世界上103个国家或组织的专利文献数据,专利文献数据范围非常全面,而且数据来源权威,是国家知识产权局直接提供的,数据更新也非常及时。"

"申请人"满意地点点头,说:"有道理。那好吧,我暂时放弃申请。"小专的队友们长出一口气,标标和阿著好崇拜自己的队长。

又一名"申请人"上台了,他看起来很愤怒,他把一叠文件扔到桌子上说:"气死我了,有人侵犯了我的专利权。"

"别着急,慢慢说。"小专微笑着说。

"我怎能不着急,我刚发现市场上有些正在销售的商品,外包装上印的专利号居然和我的一模一样,你说可气不?"

"您是不是将专利转让或授权给这家企业用了?"小专皱了皱眉头。

"怎么可能,我根本不认识这家企业,你说他们是不是侵犯了我的专利权?"

"如果您说的情况属实,那这家企业的行为的确构成了假冒他人专利的行为。根据《中华人民共和国专利法》规定,假冒专利的人,除依法承担民事责任外,还会被没收违法所得,并受到金额为违法所得四倍以下的罚款。构成犯罪的,要被依法追究刑事责任,专利管理部门还可以查封或扣押有证据证明属于假冒专利的产品。所以,您可以有三种方式解决纠纷,一个是协商解决,一个是通过专利管理部门处理,还有就是向法院起诉。"

这一局,由于小专的精彩"表演","堑智精锐"再次获得全场最高分——9.5分,而"三剑客"只得了8.9分。"堑智精锐"完胜对手。出门时,标标看到"三剑客"的几名同学垂头丧气的样子,心里美滋滋的。

阿著日记

4月28日 多云

今天如果没有小专，我们的团队会输得比卷毛更惨，我们不能把命运都寄托在队长一个人身上，关键时刻我也要挺身而出！

真没想到，专利检索那么重要。据不完全统计，各国因未查阅专利文献、使研究课题失去价值，每年造成的损失能达到数十亿元，间接损失就更多了，其中也包括我国。

所以对于开发研究立项之前、专利申请前的专利检索工作，不能有任何的侥幸心理。

检索查询有许多途径，可以自己上国家知识产权局网站或北京市知识产权公共信息服务平台（www.beijingip.cn），通过智能、表格或逻辑表达式三种方式进行专利检索，或是通过该平台提供的移动APP、微信公众号"北京知识产权信息"进行快捷查询，也可以委托专业的代理机构、专利检索中心进行专业查询。一般来说，委托人只需提供专利（申请）名称、专利权（申请）人姓名、专利（申请）号等其中任何一项，就可以通过专利检索来查询专利的真实性和法律状态了。

七、知识竞答

这是关于商标知识的一场抢答。真是有缘,"堑智精锐"与"三剑客"被分到了一组,这两个团队的获胜者将直接晋级,失败者不得不与其他团队再次比赛。

比赛开始了,两个团队分别在舞台的两侧,双方队员看上去都自信满满,卯足了劲要赢得这次比赛。

随着主持人一声令下,比赛开始了。第一题:"什么是商标?请举例说明商标的类型。"

主持人话音刚落,两个团队就不约而同地按下了抢答器——这简直是一道送分题,不抢才怪。卷毛抢得答题权,他说:"商标是指生产者、经营者为使自己的商品或服务与他人类似的商品或服务相区别,而使用在商品以及包装或服务标记上的由文字、图案、字母、数字、三维标志、颜色组合和声音等要素,以及上述要素的组合所构成的一种可被人直接感知的标志。商标可分为商品商标和服务商标。比如生活中常见的商品商标有:三元、全聚德、农夫山泉等,服务商标有工商银行、新东方、南方航空等。"

"完全正确,加10分。"主持人兴奋地宣布。

"三剑客"旗开得胜,令"堃智精锐"倍感压力。他们的手牢牢放在抢答器上,精神也是高度集中。

"第二题，请听题，请解释一下什么是文字商标和图形商标。"

这次是阿著抢到答题权。"文字商标是生活中最常见的商标，它的特点是可以让人们最快速地认识并记住，比如全聚德、麦当劳等商标都是文字商标。图形商标的特点是比较形象，不受语言限制，常见的许多商品除了有文字商标以外，往往还有以图形组成的图形商标。"

"商标权人有哪些权利？"

"商标权人的权利有使用权、独占权、许可权和转让权等。使用权是指商标注册人有权在其注册商标核准使用的商品和服务上使用该商标，在相关的商业活动中使用该商标。

"独占权是指商标注册人对其注册商标享有排他性的独占权利。

"许可权是指商标注册人有权依照法律规定，通过签订商标许可合同的形式，许可他人使用其注册商标并取得许可使用费。

"转让权是指商标注册人有权通过法定程序将其注册商标有偿或无偿转让给他人。"

比赛结束了，"堑智精锐"险胜"三剑客"，率先拿到了下场比赛的入场券，而"三剑客"不得不与另外一个团队再进行一场比赛。

小吉日记

4月29日 晴

今天的知识竞赛太激烈了，我一直认为自己掌握的关于商标的知识挺多的，没想到今天还是被一道题难住了，结果没抢到答题权。这个问题就是"商标的特点"，晚上翻了书才知道答案。

商标有五个特点：显著性（可区别性）、独占性、价值性、时间性和地域性。显著性是指申请注册的商标应当有显著特征，便于识别，能够区分商品或服务的不同来源，并不得与他人在先取得的合法权利相冲突。

独占性是指注册商标所有人对其商标具有专用权、独占权，未经注册商标所有人许可，他人不得擅自使用，否则就构成侵权。

价值性是指商标通过在商品或服务上的真实使用，可以产生和积累其内在价值，实质上是商标所承载的商品或服务的商誉的价值。

时间性是指商标在有效期内才会受到法律保护。

地域性是指商标权只在注册国或注册地区范围内受法律保护，在其他国家或地区则不发生法律效力、不受法律保护。

八、惊掉大牙

有关商标内容的第二场考核,几乎让所有人惊掉了大牙。

10个团队被打乱后再重新分组,最终分成红、蓝两队进行对抗。不幸的是,小专被抽到了红队,而标标和阿著则到了蓝队。和小专一队的还有卷毛,以前的对手变成了队友,而战友则变成了对手。这让大家感觉到有些别扭。

组队后的第一件事就是选出各自的队长,小专提议卷毛当红队队长,得到了大部分队员的支持;阿著则毛遂自荐,担任了蓝队的队长。

本科目要求完成的任务是:两队各自为自己的产品设计一个商标,并提交商标注册申请书。

卷毛的绘画天赋在学校里是出了名的,所以大家都觉得红队胜算更大。果然,卷毛只用了半天功夫就设计了初稿。图案是一前一后两只卡通风格的小脚丫,下面还配了一行动感十足的文字:"奔跑吧孩子"。

卷毛的设计稿刚一亮相,就赢得了队员们的一片叫好声。大伙都觉得跟他们的产品——儿童运动鞋很匹配,动感、时尚、接地气,而他们自己提的方案都不如队长的合适。此刻的卷毛骄傲得就像拿了奥斯卡金像奖。

　　小专心里也很佩服卷毛的创意，但他隐隐约约地感觉哪里有点不对劲。突然，他一拍脑袋想了起来：电视里正在播的一个电视节目叫《奔跑吧兄弟》，最近火得很。卷毛设计的名称会不会和这档电视节目的名称冲突呢？小专把自己的担心和盘托出。这下，大伙刚才的兴奋劲儿立刻消失了。

　　"我们叫'孩子'，他叫'兄弟'，还是有区别的嘛。""电视节目和我们的运动鞋根本就不是一回事，怎么会冲突呢？""名称相似或者近似都有可能通不过！"大家争得不亦乐乎。尤其是卷毛反应最为强烈，一向强势的他甚至以辞去队长职务相要挟，坚持保留自己的设计方案。

　　小专有些束手无策。比赛还未开始，队员们就开始内讧，这样的团队怎么应对下面的挑战呢？这时，他有些怀念自己的团队了。

阿著的蓝队其实也面临着重重困境。大家都想显示自己的高明，谁也不服谁，头脑风暴变成了"头脑互殴"。

"我们做的是通过互联网回收旧书项目，所以商标名称既要体现互联网的特征，还要能体现'书是人类进步阶梯'的含义。"

"太复杂了！老师说了，表达的意思要尽量简洁。我觉得就叫'旧书的我买'，模仿过去老北京胡同里的叫卖吆喝声，多怀旧啊。"

"太土了！不如就叫'孔夫子搬家'。"

"老气横秋，缺乏现代感，我提议叫'旧书客'。"标标跳起来，面红耳赤地加入了混战。

卷毛是个"霸道总裁"，听不进不同意见，但大家至少可以沿着一个方向去讨论和构思，效率极高；阿著很懂得发扬民主，擅于听取不同的意见，但经常被各种看似很有创意的想法打动，到最后也拿不出一个成型的方案，效率十分低下。

九、留一手

　　卷毛并非专横跋扈的独裁者。小专的意见,他其实第一时间就认可了,自己确实耍了个小聪明,想借那个电视节目扩大自己品牌的知名度。他内心不得不佩服小专对知识产权知识的运用能力。但当着曾经是对手的面怎么能认输呢?这完全不符合他的性格。自己当初抢注了人家的域名,虽然没有违反规则,但那毕竟是别人的创意而不是自己的,说起来也不是什么光彩的事。所以这回他是憋着劲要在众人面前显示一下自己真正的实力,但前提是绝对不能被人抓住什么漏洞。现在他必须想办法体面而不动声色地挽回当下不利的局面。

　　中午,乘着大家都在休息,卷毛悄悄打开了"中国商标网"。进入"商标查询",再点击商标查询→我接受→商标近似查询……

　　接下来的对话框要求填写"国际分类号",他被卡住了,但是他并没有停下,噼里啪啦又在网上搜了几遍,然后毫不犹豫地拨通了一家知识产权代理公司的咨询电话……

十、惊悚一刻

阿著的蓝队终于敲定了用"孔夫子搬家"作为商标名称，因为时间所剩无几，图案设计就无从谈起了。

红队这边气氛也很紧张，离方案提交时间剩下不到一刻钟了，卷毛环视了一下自己的队友，信心满满地说："我对咱们的方案做了一点点修改。"听他这么一说，大伙颇感意外。

卷毛又亮出一个纸板："其实咱们的创意已经很棒了，但我想让它更棒，我们红队要的是'Perfect'！"卷毛夸张地挥动双臂大声吼道，那气势一点不比标标演讲时差。

小专无奈地摇摇头，嘟囔了一句："有这么自己夸自己的吗？"

卷毛瞪了小专一眼，继续说："我把名称改了一下，请大家看。"说着亮出一直藏在背后的纸板。

"'跑La跑'?"队友们一阵惊呼。

卷毛话还没说完,小专就鼓起掌来,紧接着,所有人都使劲地拍起手。卷毛有些得意,他吹嘘说:"我们一定要好好经营这个商标,没准今后还能成为我国驰名商标呢。"

听了卷毛的话,队员们都哈哈大笑,纷纷问他:"你知道什么是驰名商标吗?"卷毛不屑一顾地说:"你们也太小看人了,'驰名商标'是国际通用的法律术语,是指具有较高知名度和声誉的商标。它和普通商标最大的区别就是,在特定的商标纠纷案件中,法律对由该案认定的驰名商标的保护范围更广、力度更大。中国驰名商标是指经过国家工商总局商标局、商标评审委员会或人民法院依照法律程序在处理具体商标纠纷案件中认定为'驰名商标'的商标。不过根据新商标法规定,生产、经营者不得将'驰名商标'字样用于商品、商品包装或容器上,或用于广告宣传、展览及其他商业活动中。"

"真没看出来,队长果然不同凡响啊,这么难的知识点都难不住你。"

"那当然,我是谁啊,大名鼎鼎的卷毛!"卷毛高高扬起下巴,别提多得意了。

咣——咣——咣,大礼堂的钟声敲响了,提交方案的时间终于到了。台下"红队加油"、"蓝队加油"的助威声此起彼伏。

双方队长各自陈述了自己商标设计的创意思路。几位评审老师在下面讨论5分钟后,知识产权老师开始点评。

"先说红队,作为儿童运动产品的商标,这个名称符合儿童说话的习惯,生动活泼,念出来也朗朗上口,还有一种鼓励孩子们多锻炼身体的意思……图案设计也很巧妙,跟名称的文字搭配得十分贴切。"

知识产权老师稍顿了顿又说:"蓝队,你们名称起得非常好,巧用成语和典故,通俗易懂,诙谐幽默——作为一个旧书回收再利用的网站,我们所有老师都认为,你们这个商标名称起得简直令人无可挑剔!"台下一片欢呼,阿著激动得都快要流眼泪了。评审老师给予蓝队如此高的评价,这让卷毛心里有点没底了。他也觉得这个名称确实传神,但对方没有设计图案,至少也比他们缺一样元素,老师怎么会视而不见呢?卷毛越想越觉得不公平。台下支持蓝队和支持红队的同学也嚷成了一锅粥。

"同学们静一静，现在我宣布商标科目的考核成绩……"主持人卖关子似的说了一半停住了。

"蓝队……"

"9.7分，"主持人憋了一下终于报了出来。

台下一阵惊呼："从来没打出过的高分啊！"标标激动地使劲握了握阿著的手，阿著疼得嘴都咧开了。

卷毛绝望了。"申诉，一定要申诉！"卷毛狠狠地把手里的纸板摔在地上。

　　主持人不急不忙地掏出另一张纸片，先看看台下同学再看看台上的红蓝双方，这回他没有任何停顿，好像随口一念，说了句："红队9.9分。"所有人好像都没有反应过来，现场出现了差不多两秒钟的沉默。随即便爆发出一阵阵的尖叫。

　　卷毛、小专也被震倒了，但很快，卷毛便大声吼着、跑动着和自己的队友击掌相庆。阿著的蓝队则是一副不敢相信自己耳朵的神态，站在那呆呆的，一动不动。这出一分钟内上演的惊天大逆转会让彼此牢记一辈子。

十一、揭密幕后

见大家情绪开始平复了，知识产权老师接着开始说明获胜理由：

"蓝队，你们可能以为自己输的那0.2分是因为没有设计出一个漂亮的图案，对不对？"阿著和队友点点头。"红队，你们也以为自己最后就胜在那个卡通小人上？"卷毛也点点头。

知识产权老师没再解释什么，却让人在大屏幕上放一段录像。放完他才接着说："想必有的同学已经明白其中的原因了。我想让红队队长把中午他都干了些什么跟大家分享一下。"

卷毛知道自己做的事情想瞒也瞒不住,反正都赢了,和盘托出也没什么不好。于是一五一十地说起来。

"我的队友提醒我,名称可能和一档电视节目相似,我就登陆了一个专业网站进行查询,又打电话给一家知识产权代理公司咨询了一下,结果证实我们的名称的确和人家相似,而且人家已经把第25类,也就是鞋类也都注册了。按照《中华人民共和国商标法》规定,这种情况我们是不可能注册的。后来又照专家说的方法,我查了一遍新起的名称,很幸运,没有注册。于是我就干脆委托这家公司帮我们注册修改后的'跑La跑'商标,我说完了。"

知识产权老师接过来说道:"现场的摄像机和巡场老师都证明了这些细节,现在蓝队应该明白自己输在哪里了吧?"

阿著脸憋得通红,心里酸甜苦辣得不是滋味。

"蓝队输就输在没有做商标查询这个不可或缺的工作上,而且跟红队相比,你们也缺乏保护自己知识产权的意识。刚才我们替你们查过了,'孔夫子搬家'还真的没有在这个类别上被注册商标,而你们已经公开了自己的设计方案,现在被别人抢先注册的风险非常大。商标注册虽然不属于这次考核的内容,但蓝队队长和另外一个队员曾经有过类似的教训,看来并没有认真反思和总结,考虑到这个因素,所以还是要给予惩罚性的扣分,这么一算,你们输给红队就没什么大惊小怪了!"说到最后,知识产权老师的语气变得异常严厉。在核算完所有特训营团队各自的总分后,由于蓝队里有两名"蛰智精锐"的队员,最终卷毛率领的"三剑客"荣获第一。

阿著再也抑制不住内心的怨悔,独在蹲在角落里啜泣起来……

十二、强强联合

一进入著作权科目的考核，就意味着知识产权特训营的训练接近尾声了，各队之间的竞争已经白热化。

总爱押题的标标这次失算了：本轮考核没有给题目，也没有形式限制。

"坑死人不偿命的节奏啊！"标标一脸苦相地抱怨。

的确，无题比命题更难。"堑智精锐"队员们都有些迷茫，怎样在短短10分钟内获得评委的认可呢？三人绞尽脑汁，想了半天，最终阿著想到一个好主意，她说："咱们不如排个喜剧小品，把著作权相关内容融到里面，你们觉得怎么样？"

"这提议简直太棒了！"标标和小专一下站了起来。他俩一来觉得阿著的点子确实不错，二来也想帮助自己的队友扫去昨日的阴霾，重新找回自信。毕竟，最后的胜利还是要依靠团队的力量。

"咱们不如排一个《西游外传》吧?"阿著说。看来她也是有备而来的,小姑娘还挺坚强,小专对自己的团队信心大增。

"好啊,说说你有什么具体的想法。"小专进一步说道。

"这倒也可以,可是咱们只有三个人,人不够啊。"标标这次考虑得倒是很周全。

"咱们不如和其他团队联合,反正规则里没有任何限制的。"阿著说。

"跟哪个团队合作呢,万一人家不同意怎么办?"标标有些担忧。

"我觉得最好是和'三剑客'合作。"小专说。

现在，大家对卷毛的印象有了很大的改变，都觉得他不光有小聪明，还很能钻研，对知识产权的理解和运用不比小专差。跟他的团队合作，就是"强强联合"。再有，两个最有实力的竞争对手，出人意料地携手合作，这新闻只要爆出来，绝对得上头条！

虽是如此，标标还是担忧道："但'三剑客'是我们比赛争冠的最大竞争对手啊！"

"到了这个阶段，我感觉输赢已经不重要了，重要的是大家在紧张的特训过程中，学到了宝贵的知识产权知识，并在激烈的比拼中，用最好的表现向老师致敬，同时也巩固学习成果。"阿著说。小专和标标十分认同地点点头。

说做就做，三人立刻找到卷毛，把他们的计划说了一下。卷毛也觉得主意不错，而且是最强劲的对手主动找上门来和他谈合作，说出去也是件很有面子的事，所以思索片刻就答应了他们。

标标思维活络，负责写剧本；阿著心细，负责道具和服装；卷毛是导演。

大家看过剧本后都非常满意，卷毛开始分配角色：小专性格严肃认真，具有领导风范，唐僧非他莫属；标标从体型上就比较符合二师兄的人物形象；卷毛是大师兄孙悟空，当仁不让；还有一名同学饰演沙僧；最后还有一个琵琶精的角色，肯定属于团队中唯一的女性阿著了。

十三、西游外传

音乐响起,唐僧师徒上场了,他们刚走上舞台就引起一阵哄堂大笑,这正是小专他们想要的效果。

旁白:唐僧师徒四人在取经途中不小心打开了月光宝盒,被穿越到现代……

大街上人来人往,热闹非凡,唐僧四人迷茫地站在一个叫西直门桥的地方不敢动了。这是什么地方?太诡异了,来来回回绕了十几圈了,就是下不去!还有那么多跑来跑去的铁盒子,是什么怪物?悟空一下紧张起来,他从耳朵里掏出金箍棒,左挡右拦,护着师父不被那些铁盒子撞上。

终于，从一个尖叫着的铁盒子里，探出一个戴大檐帽的脑袋，示意跟着他走，师徒四人这才下了这座桥。

刚走不远，便遇见一个小贩在路边吆喝："最新版《西游记》，10块钱一套，快来买啊，过了这个村儿就没这个店儿啦。"

师徒四人走上前去，八戒拿起一张光盘，发现他们的画像正印在光盘上。

八戒："老板，你这是什么东西，值多少银子？"

小贩瞅着这帮人,心想:"哎!怎么这么面熟?"连忙说:"唐僧四人西天取经的故事,10块钱拿走。"

悟空:"啥,俺老孙辛辛苦苦保师父取经,一路上风餐露宿,吃尽苦头才值10块钱,你敢侮辱俺老孙!"

小贩:"大哥,我说这么面熟,原来你们正在拍西游记。别拍了,再拍也拍不过我手里的这一版,哥儿几个买一套回去看看得了。"

师徒四人正蹲在小贩前翻看光盘,突然有人在唐僧背后拍了一下:"嗨,这不是御弟哥哥吗,你怎么到这来了。"唐僧转身一看,一个穿着奇装异服的姑娘站在他背后,"你是……"

琵琶精:"御弟哥哥,我是琵琶精啊,当初被大圣打败,我就在观音座下修炼,早已改邪归正,现在我已经是企业家了,你们这是要买光盘吗?"

唐僧:"我想看看后人怎样写我们的故事,10块钱贵吗?"

琵琶精:"御弟哥哥,这可不能买,这是盗版光盘。"

悟空:"盗版?俺老孙无所不知,无所不能,只是从没听过什么盗版。"

琵琶精:"大圣,盗版就是未经著作权人许可,把人家的作品复制出来,拿来买卖,这跟偷别人的东西没什么区别。"

悟空:"这确实太可恶了,想当初我……算了,也不是什么光彩的事,就不提了。"

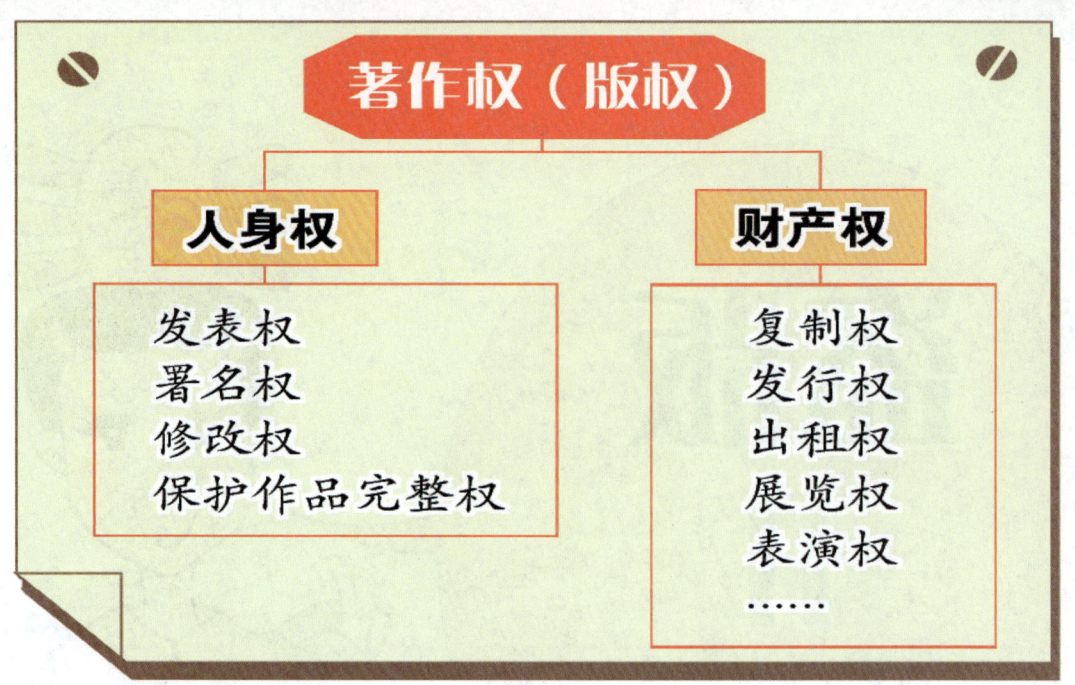

沙僧:"琵琶姑娘,不知道著作权又是什么兵器?十八般兵器里从没听说过有这一样。"

琵琶精:"著作权又称'版权',就是指作者对其创作的文学、艺术和科学技术作品所享有的一种民事权利。包括人身权(发表权、署名权、修改权、保护作品完整权)与财产权(复制权、发行权、出租权、展览权、表演权等多项),这兵器厉害得很。"

唐僧:"我也写过许多佛学作品,那我是不是也有著作权了?"

琵琶精:"那当然。著作权与其他知识产权不同,它是自动生成的,不需要申请注册。只要你的作品完成了,你就有了著作权。而且著作权也不仅仅指文字作品,它还包括其他形式,比如艺术作品、摄影作品、美术作品、音乐作品等。虽然著作权是自动产生的,可还有著作权登记一说,二者并不矛盾。著作权登记的作用在于为著作权行使、交易或许可提供一种证明机制,明确权利归属。登记文书仅可为证明权利归属提供初步证据。"

唐僧："琵琶姑娘，你讲得太深奥了，我就想问问别人用我的作品是不是也要付钱呢？"

八戒："师父也是个财迷……"

琵琶精："这个说来话长。简单说吧，著作权人的发表权和财产权的保护期为作者终生及其死后五十年，当然如果你的作品创作完成五十年内没发表，就不再受法律保护了。那时，你的作品署名权还是你本人的，但财产权已经过了保护期限了。"

唐僧："只要有我大徒弟在，我就不会死的，哎呀妈！我可要赚嗨了！"台下的老师、同学们都笑得前仰后合。

听琵琶精这么一说，师徒四人总算明白是怎么回事儿了，悟空瞪着眼，举起金箍棒就朝旁边的小贩打去："你这妖怪，今天俺要收了你。"琵琶精赶紧拦住悟空说："大圣，现在可不兴打人了，咱们可以拨打12330电话，自有人来收他……"

表演结束了,台下观众已经笑得东倒西歪。就连主持人也赞扬他们太有创意了,能把枯燥难懂的知识融入小品中,在给人带来欢笑的同时还引人深思,可以说这是一场非常成功的演出。

笑过之后,评委开始发问了,一位评委问标标:"听说剧本是你写的,那你将来会不会做个专业的剧作家呢?"

标标想了一会儿说:"我的理想是成为一名旅行家,周游世界,然后把所见所闻写成文章,发到网上给大家看。"

"在网络上有著作权保护吗？在互联网上如何保护你的著作权呢？"

"在网络上也有知识产权保护，因为这件事我们团队还吃了大亏，在比赛初期，我们就是因为不知道有知识产权保护这回事，结果想好的域名被别人抢注了，为这事我还专门查了相关资料，原来用于商业活动的英文域名、中文域名、通用网址、无线网址等具有商标标识功能，符合条件的可以注册为商标受国家法律保护。除此之外，在网络上也存在著作权保护的问题，无论是传统媒体还是网络媒体，未经著作权人许可，同时也不符合合理使用和法定许可条件的情况下，擅自复制、转载、传播他人作品的，都侵犯了别人的著作权。比如说，网店盗用他人图片，未经允许转载他人摄影作品，未经允许下载网络歌曲，等等。"

"那你靠什么生活呢？"

"我可以靠写书挣钱，我的书有著作权，如果有人复制、使用、出售我的作品都是要付给我费用的。到时候，我一边靠创作挣钱，一边周游世界。"

十四、虚惊一场

卷毛这次作为幕后导演,没办法抛头露面,但机智而执着的他,是不会放过表现机会的。

"老师,我是导演,我想告诉大家一些幕后的花絮,也许对大家有点启发,可以吗?"卷毛站起来向老师请求道。一听要透露内幕,大家又都兴奋起来,纷纷支持卷毛的请求,老师也就同意了。

卷毛讲得很生动,也很有料。这一切似乎都意味着最后的谢幕将非常完美。无论是"堑智精锐"还是"三剑客"的队员都有一种皆大欢喜的满足感。

"你刚才说的有一段话我很熟悉，应该不是你写的吧？"突然，一位评委问卷毛。

"是的，这是我引用一本书里的话。"卷毛有些忐忑。

"那你认为这样做是否侵犯了他人的著作权呢？"评委又问。

"这个……应该没有……"卷毛有些不肯定。

"请你给我一个肯定的答案。"评委追问。

小专见状马上插话道："没有。如果以营利为目的，复制上述内容或通过网络传播上述内容等，就侵犯了权利人的著作权。如果引用别人的文章、图片仅仅为了个人学习、研究和欣赏，以及用于学校课堂教学或者科学研究，这种行为并不侵犯作者的著作权，但是需要注明出处。刚才我们导演并没有用他人的作品进行营利，也没有用文字表达，只是口头讲讲，所以我认为属于著作权的合理使用，并不侵犯他人的著作权。"小专肯定地说。

卷毛被惊出一身冷汗，他感激地向小专点头致意。

评委点点头说："你说的大体没错，不过我还是想提醒大家，假如要引用别人书里或者文章里的话，一定要说明作者和出处，这样也是对作者的尊重。如果侵犯他人著作权，不仅要承担民事责任，严重者还可能构成犯罪。如果你的著作权被侵犯，你可以向著作权行政管理机关申请调处，向法院起诉或者依据书面合同订立的仲裁条款申请仲裁。总的来说，同学们一定要树立版权保护意识，不侵犯他人版权，也要保护好自己的版权。"

阿著日记

4月30日 多云

今天知道了著作权如何合理使用。在有些情况下可以直接无偿使用已发表的享有著作权的作品，而无须经著作权人许可：

一、为个人学习、研究或者欣赏，使用他人已经发表的作品；

二、为介绍、评论某一作品或者说明某一问题，在作品中适当引用他人已经发表的作品；

三、为报道时事新闻，在报纸、期刊、广播电台、电视台等媒体中不可避免地再现或者引用已经发表的作品；

四、报纸、期刊、广播电台、电视台等媒体刊登或者播放其他报纸、期刊、广播电台、电视台等媒体已经发表的关于政治、经济、宗教问题的时事性文章，但作者声明不许刊登、播放的除外；

五、报纸、期刊、广播电台、电视台等媒体刊登或者播放在公众集会上发表的讲话，但作者声明不许刊登、播放的除外；

六、为学校课堂教学或者科学研究，翻译或者少量复制已经发表的作品，供教学或者科研人员使用，但不得出版发行；

七、国家机关为执行公务在合理范围内使用已经发表的作品；

阿著日记

　　八、图书馆、档案馆、纪念馆、博物馆、美术馆等为陈列或者保存版本的需要，复制本馆收藏的作品；

　　九、免费表演已经发表的作品，该表演未向公众收取费用，也未向表演者支付报酬；

　　十、对设置或者陈列在室外公共场所的艺术作品进行临摹、绘画、摄影、录像；

　　十一、将中国公民、法人或者其他组织已经发表的以汉语言文字创作的作品翻译成少数民族语言文字作品在国内出版发行；将已经发表的汉族文学作品翻译成少数民族文字在国内发行，在我国均属于合理使用；

　　十二、将已经发表的作品改成盲文出版。

 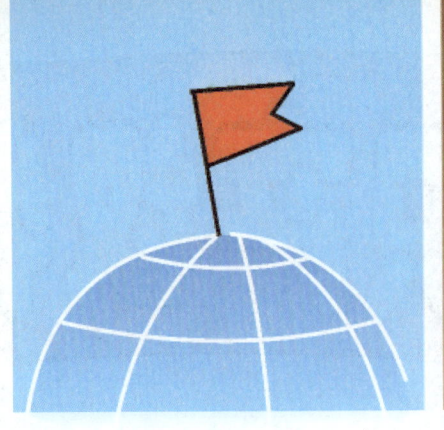 

十五、其他知识产权

专利、商标、著作权的培训都结束了，小专他们长舒一口气，终于可以放松一下了，大家拿起桌子上的水果大口吃起来。可知识产权老师说，还有一场比赛没举行。标标有些纳闷了，知识产权的内容不都讲完了吗，还有什么？小专却想起来了，他说除了以上那三种以外，还包括植物新品种、地理标志、商业秘密等。

"小专说得没错。"知识产权老师点点头。

"这就奇怪了，《中华人民共和国专利法》明明规定动物和植物品种不能授予专利权，这植物新品种又是咋回事？"标标有些糊涂了。

"标标的问题很好，传统知识产权制度并不包括对植物新品种的保护，而培育新的植物品种需要投入大量的人力、财力和时间，如果没有相关法律保护，这些育种者的辛勤劳动就得不到回报。所以我国于1997年颁布了《植物新品种保护条例》，植物新品种就是指经过人工培育的或者对所发现的野生植物予以开发，具备新颖性、特异性、一致性和稳定性，并有适当命名的植物品种。比如你正在吃的这个"龙山红"猕猴桃，就是有关机构经过10年研发培育而成的，并于2016年获得了植物新品种权。

"老师,您讲的知识产权知识越多,我们就越有把握赢得这场'战争'的胜利。"标标急不可耐地说。

"没问题,下面就跟大家讲讲地理标志,所谓地理标志就是指标示某商品来源于某地区,该商品的特定质量、信誉或者其他特征,主要由该地区的自然因素或人文因素所决定的标志。比如咱们常吃的平谷大桃,2005年,北京市平谷区人民政府向国家质量监督检验检疫总局提出'平谷大桃'地理标志产品保护申请并获得通过。这不仅保护了果农的权益,还保证了产品质量,这和我们的生活息息相关啊。"

小专:"如果我有一项技术不想公开,又想得到保护,那又怎么办呢?"

"这个问题问得好,那我就给你们讲讲商业秘密,"知识产权老师说,"大家都爱喝的可口可乐,自从1886年产生可乐配方以来,直到现在都是个秘密,尤其是配方的核心技术更是神秘,如今公司只有几个人知道这个配方,他们与公司签订了'永不泄密'的协议,如此严格的保密措施帮助可口可乐成为百年不倒的知名品牌。"

"这也太厉害了!"小专也忍不住惊叹起来。

"是啊,按照《中华人民共和国反不正当竞争法》规定,商业秘密是指不为公众所熟悉和了解,能为权利人带来经济效益,具有实用性并经权利人采取保密措施的技术信息和经营信息。"

"可是,如果一个企业获得一项新技术,那它是保守秘密还是申请专利呢?如果申请专利岂不是没有秘密可言了?"阿著问。

"是的,对于企业来说,可以先以商业秘密保护,后申请专利保护,比如可以就发明创造的大部分内容选择商业秘密保护,仅就配套技术的某个环节或某个配件申请专利。这样做的好处是一旦商业秘密泄露,他人仍不能完全无偿、随意应用此技术生产出成套完整的产品。"

"看来企业为了保护自己的知识产权也是煞费苦心啊!"阿著感叹道。

十六、大结局

知识产权特训营的成绩公布了:"三剑客"第一,"堑智精锐"第二。不过,大家对名次已经没有多大兴趣了,一种英雄惜英雄的感觉让两队队员忘记了之前所有的不快。

就在主持人宣布闭营的时候,卷毛提出请求,想要说几句心里话。

得到允许后,卷毛走上台,他看了看小专等人,语气低沉地说:"我想把'三剑客'的域名还给你们,虽然我没有违反知识产权特训营的考核规则,但我亵渎了'尊重知识,崇尚创新,诚信守法'的知识产权文化理念,我很看不起我的这种行为。况且我们现在已经注册了'跑La跑'的域名,从现在起,我们团队的名字就正式改称'跑La跑',也希望大家多多支持。借此机会,我要向'堑智精锐'说声对不起。"说完,卷毛向小专他们深深地鞠了一躬。

"我个人认为,你们还是叫'三剑客'好。"卷毛真诚而不失幽默地补了一句。顷刻间,台上台下爆发出雷鸣般的掌声。

过了一周,"三剑客"和"跑La跑"两个团队又同时登上了创客大赛的擂台。真正的较量开始了,这回,谁将是第一呢?